EXPOSITION

DE 1775

—

XXVIII

COLLECTION

DES

LIVRETS

DES

ANCIENNES EXPOSITIONS

DEPUIS 1673 JUSQU'EN 1800

EXPOSITION DE 1775

PARIS

LIEPMANNSSOHN ET DUFOUR

ÉDITEURS

11, rue des Saints-Pères

AVRIL 1870

NOMBRE DU TIRAGE

DU LIVRET DE 1775.

375 exemplaires sur papier vergé.
  25   —   sur papier de Hollande.
  10   —   sur chine.

N°

Ce livret est vendu seul 2 fr. 5o.

NOTICE BIBLIOGRAPHIQUE.

Livret :

Une seule édition : 46 p. de catalogue, 2 d'arrêt et privilége et 3o2 N^{os}.

Critiques :

Mercure de France : numéro d'octobre.

Denis Diderot : Salon de 1775, publié pour la première fois, en 1857, dans la *Revue de Paris* (t. XXIX, p. 464).

Mémoires secrets du continuateur de Bachaumont. T. XIII. 3 lettres. Ed. de 1780, p. 156-206.

Observations sur les ouvrages exposés au sallon du Louvre ou lettre à M. le comte de ***. Sans titre, in-12 de 60 pages (avec approbation et permis d'imprimer), de l'imp. de Didot.

Annonces et affiches de Paris, du 25 septembre 1775.

Courtes mais véridiques réflexions sur l'Exposition des Tableaux de l'année 1775. A Genève, 1775. In-8° de 20 pages.

La lanterne magique aux Champs-Elysées ou entretien des grands peintres, sur le Sallon de 1775. In-8° de 40 pages.

Entretiens sur l'exposition des tableaux de l'année 1775 (entre l'abbé, le chevalier, et Mlle Fanfale). M.DCC.LXXV. In-8° de 48 p.

L'art de voyager loin sans sortir d'une chambre. Lettre à Mademoiselle de *** sur les tableaux exposés, etc. 1775. Manuscrit in-8° de 39 pages, au Cabinet des estampes (Y a, 130).

(LESUIRE). Coup d'œil sur le Sallon de 1775, par un aveugle. A Paris chez Quillau et Ruault 1775. In-12 de 26 p. de l'imp. de Didot.

NODILLE DE ROSNY : Epitre à Duplessis sur le portrait du Roi exposé cette année au Sallon du Louvre. — 6 pag. en vers Alexandrins. (Le permis d'imprimer est du 17 octobre 1775).

Correspondance secrète du 30 août 1775.

EXPLICATION

DES PEINTURES,

SCULPTURES

ET GRAVURES,

DE MESSIEURS

DE L'ACADÉMIE ROYALE,

Dont l'Expofition a été ordonnée, fuivant l'intention de SA MAJESTÉ, par M. le Comte DE LA BILLAR-DRIE D'ANGIVILLER, *Confeiller du Roi en fes Confeils, Meftre-de-Camp de Cavalerie, Chevalier de l'Ordre Royal & Militaire de S. Louis, Commandeur de l'Ordre de S. Lazare, Intendant du Jardin du Roi, Directeur & Ordonnateur-Général des Bâtimens de Sa Majefté, Jardins, Arts, Académies & Manufactures Royales; de l'Académie Royale des Sciences.*

A PARIS, *rue S. Jacques,*

De l'Imprimerie de la Veuve HERISSANT, Imprimeur du ROI, des Cabinet, Maifon & Bâtimens de SA MAJESTÉ, de l'Académie Royale de Peinture, &c.

M. DCC. LXXV.
AVEC PRIVILÉGE DU ROI.

AVERTISSEMENT.

Chaque Morceau eſt marqué d'un Numéro répon-
dant à celui qui eſt dans le Livre. Pour en faciliter
la recherche, on a interrompu l'ordre des grades de
Meſſieurs de l'Académie, & les Ouvrages ſont rangés
ſous les diviſions générales de Peintures, Sculptures
& Gravures : ainſi, pour trouver le Numéro marqué
ſur un Tableau, le Lecteur verra au haut des pages
Peintures, & ne cherchera que dans cette partie.
Il en ſera de même des autres.

EXPLICATION

Des PEINTURES, SCULPTURES, & autres Ouvrages de Meſſieurs de l'Académie Royale, qui ſont expoſés dans le Salon du Louvre.

PEINTURES.

OFFICIERS.

PROFESSEURS.

Par M. *Hallé*, Profeſſeur.

Nº 1. Jésus-Christ faiſant approcher de lui les petits Enfans pour les bénir.

Ce Tableau, de 10 pieds 6 pouces de haut, ſur 7 de large, doit décorer la Chapelle du Collége des Graſſins.

2. Deux Gouaſſes, & une Tête de Vieillard ſous le même Numéro.

Par M. *Vien*, Profeffeur.

3. S. Thibault (de la Maifon de Montmorenci) offre au Roi S. Louis & à la Reine Marguerite de Provence, une corbeille de fleurs & de fruits, dans laquelle il s'éleve, par miracle, onze tiges de lis. Le Roi n'avoit pas encore d'enfans, S. Thibault lui prédit, par cet emblême, qu'il en auroit onze, & par la tige qui s'éleve le plus haut, lui défigne Robert, Chef de la Maifon de Bourbon.

Ce Tableau, de 8 pieds 6 pouces de haut, fur 5 pieds 9 pouces de large, eft deftiné à être placé dans la Chapelle du nouveau Trianon.

4. Vénus bleffée par Diomède à la guerre de Troye, Iris defcend du Ciel pour la tirer du champ de bataille, & Mars l'aide à monter dans fon Char pour la conduire fur l'Olympe.

Tableau de 6 pieds 6 pouces de large, fur 5 pieds de haut.

5. La Magdeleine.

Tableau de 9 pieds fur 4, pour une Chapelle de la Cathédrale de Verdun.

Par M. *de la Grenée*, Profeffeur.

6. Armide défefpérée de n'avoir pu fe venger de Renaud, veut fe tuer, Renaud lui retient le bras.

Ce Tableau appartient à M. le Chevalier de Luxembourg.

7. La Candeur.

8. La Douceur.

Ces deux Tableaux font à Milord Schelburn.

9. La Fidélité & la Sincérité.

10. Diane & Endimion.

11. L'Amour abandonne Pſyché.

12. L'Amour conſole Pſyché.

Ces deux Tableaux appartiennent à M. le Comte de Merle.

13. Tiréſias, fameux Devin, ayant un jour regardé Pallas lorſqu'elle ſe déshabilloit, devint aveugle ſur le champ.

14. La Sibylle obtient d'Apollon de vivre autant d'années qu'elle tient de grains de ſable dans ſa main.

Ces deux Tableaux appartiennent à M. le Marquis de Very.

Par M. *Vanloo*, Profeſſeur.

15. La Toilette d'une Sultane.

Tableau de 12 pieds de large, ſur 10 pieds de haut.

16. La Sultane ſervie par des Eunuques noirs & des Eunuques blancs.

Tableau de 15 pieds de large, ſur 10 pieds de haut.

17. La Sultane commande des ouvrages aux Odaliſques.

Tableau de 10 pieds de large, ſur 10 pieds de haut.

18. Fête champêtre donnée par les Odaliſques en préſence du Sultan & de la Sultane.

Tableau de 15 pieds de large, ſur 10 de haut. Ces Tableaux ſont pour le Roi & deſtinés à être exécutés en Tapiſſerie.

ADJOINTS A PROFESSEUR.

Par M. *Lépicié*, Adjoint à Profeſſeur.

19. L'Education de la Sainte Vierge.

Tableau de 6 pieds, ſur 4.

20. Mgr le Duc de Valois au berceau.

Tableau peint ſur bois de 18 pouces, ſur 15.

21. L'Attelier d'un Menuiſier.

Tableau de 2 pieds 6 pouces de large, ſur 2 pieds de haut.

22. Les Accords.

Tableau ovale d'un pied 10 pouces de large, ſur 1 pied 6 pouces de haut.

23. L'Intérieur d'une Douane.

Tableau de 5 pieds de large, ſur 3 pieds de haut.

24. Pluſieurs petits Tableaux & Têtes d'Etude.

Par M. *Brenet*, Adjoint à Profeſſeur.

25. L'Aſſomption de la Sainte Vierge.

26. S. Pierre & S. Paul.

Tableau de 9 pieds de haut, ſur 4 pieds 10 pouces de large, ordonnés par le Roi, & deſtinés à être placés dans l'Egliſe de S. Jacques à Compiégne.

27. La Réſurrection de Jéſus-Chriſt.

Ce Tableau, de 9 pieds 10 pouces de haut, ſur 6 pieds de large, doit être placé dans l'Egliſe de Montreuil, près de Verſailles.

28. Cayus Furius Creſſinus, affranchi, cité devant un Edile pour ſe diſculper d'une accuſation de magie,

fondée fur les récoltes abondantes qu'il faifoit dans un champ d'une petite étendue, montre des inf-trumens d'Agriculture en bon état, fa femme, fa fille & des bœufs gras & vigoureux; alors s'adref-fant au Peuple affemblé, ô Romains, s'écria-t-il, voilà mes fortiléges! mais je ne puis apporter avec moi, dans la place publique, mes foins, mes fatigues & mes veilles. *Pline, Hift. Nat. liv.* 18, *chap.* 6.

Tableau de 3 pieds de haut, fur 5 de large.

CONSEILLERS.

Par M. *Chardin*, Confeiller, Ancien Tréforier
de l'Académie.

29. Trois Têtes d'Etude au paftel, fous le même Numéro.

Par M. *Vernet*, Confeiller.

3o. Un Payfage montueux, avec le commencement d'un orage.

Ce Tableau, de 8 pieds de large, fur 5 pieds de haut, appartient à milord Schelburn.

31. Deux Tableaux, l'un la conftruction d'un grand-chemin, l'autre les abords d'une foire.

Chacun de 5 pieds de large, fur 3 pieds de haut.

32. Deux Tableaux, l'un une mer calme au coucher du Soleil, l'autre le commencement d'une tem-pête, avec le naufrage d'un vaisseau.

Chacun de 3 pieds 3 pouces de large, fur 2 pieds 2 pouces de haut; ils appartiennent à M. de Preffigny.

33. Quelques autres petits Tableaux fous le même Numéro.

Par M. *Le Prince*, Confeiller.

34. Un Avare.

Ce Tableau, de 2 pieds 6 pouces de haut, fur 2 pieds de large, appartient à M. Bergeret, Honoraire-Amateur de l'Académie.

35. Un Jaloux.

Tableau de 3 pieds de large, fur 2 pieds 4 poüces.

36. Un Négromantien.

Tableau de 2 pieds 6 pouces de haut, fur 2 pieds de large.

Ces deux Tableaux appartiennent à M. le Marquis de Poyanne.

37. L'Extérieur d'un Cabaret de Village.

38. Des Voyageurs attendent un Bac.

Ces deux Tableaux, de 2 pieds de large, fur 18 pouces de haut, appartiennent à Madame Adélaïde.

39. Une Vue d'après Nature.

De 5 pieds 6 pouces de large, fur 4 pieds 6 pouces de haut.

40. Une Danfe de Payfans.

De 16 pouces de large, fur 12 de haut.

41. Plufieurs Payfages.

Par M. *Drouais*, Confeiller, Premier Peintre
de Monsieur & de Madame.

42. Le Portrait de Monsieur, en pied, en grand Habit
de l'Ordre du Saint Efprit.

Sur une toile de 7 pieds 5 pouces de haut & de
5 pieds 3 pouces de large. Pareil Tableau a été
donné, par Monsieur, à la Ville d'Angers, Capitale
de fon Apanage.

43. Le Portrait de Madame la Comteffe d'Artois, en
habit de Cour.

Bufte de forme ovale.

44. Le Portrait de Madame Clotilde, Princeffe de
Piedmont, pinçant de la guitarre.

45. Le Portrait de Mademoiselle.

Petit ovale.

46. Plufieurs Portraits fous le même Numéro.

ACADÉMICIENS.

Par M. *Millet Francifque*, Académicien.

47. Tableaux d'après Nature, avec Figures & Animaux.

Par M. *De Machi*, Académicien.

48. Vue du nouvel Hôtel de la Monnoie.

Tableau de 2 pieds 5 pouces de large, fur 1 pied
9 pouces de haut.

49. Vue du Louvre & du Quai.

De même grandeur que le précédent.

50. Vue de l'Abreuvoir du Quai de Conti, avec une partie du Pont-Neuf.

De 2 pieds 5 pouces de large, fur 2 pieds de haut.

51. Les Ruines du vieux Château de Clagny.

De même grandeur.

52. Les Ruines de l'Eglife des Bernardins, derriere la nouvelle Place aux Veaux.

De 2 pieds 6 pouces de haut, fur 1 pied 10 pouces de large.

53. L'Intérieur d'un Veftibule.

De 22 pouces de large fur 17 pouces de haut.

54. La Fontaine du Jardin du Luxembourg.

Tableau ovale de 2 pieds de haut, fur 20 pouces de large.

55. L'Intérieur d'un Attelier de Teinturier en foie.

Ovale de 14 pouces de haut, fur 1 pied de large.

56. Plufieurs petits Tableaux d'Architecture & autres objets.

Par M. *Cafanova*, Académicien.

57. Un Matin, avec des animaux & plufieurs perfonnes à une Fontaine.

Ce Tableau, avec fa bordure, a 9 pieds 4 pouces de haut, fur 8 pieds 11 pouces de large.

58. Une Nuit; fur le devant du Tableau une femme vend des Canards.

De même grandeur que le précédent.

59. Une Embouchure de Riviere.

De 4 pieds 6 pouces de large, fur 5 pieds 6 pouces de haut.

60. Deux Tableaux, l'un un rendez-vous de chaffe, l'autre le retour.

De 5 pieds 4 pouces de large, fur 4 pieds 4 pouces de haut.

61. Un Cavalier Tartare.

Tableau de 3 pieds 6 pouces de large, fur 4 pieds 4 pouces de haut.

62. Plufieurs Perfonnes à une Fontaine.

De 17 pouces de haut, fur 15 pouces de large.

63. Deux Tableaux d'Animaux.

De 19 pouces fur 14.

64. Deux Cavaliers.

Tableaux ronds d'un pied de diamètre.

65. Un Ane, & un Homme qui dort.

Tableau de 2 pieds de large, fur un pied de haut.

66. Un Payfage.

De 3 pieds de large, fur 2 pieds de haut.

67. Deux deffins repréfentant deux Cavaliers.

Par M. *Bellengé*, Académicien.

68. Un Tableau de fleurs.

Ce morceau, de 3 pieds 7 pouces de hauteur, fur 2 pieds 9 pouces de largeur, appartient à M. le Couteux de Rouen.

Par M. *Guerin*, Académicien.

69. Deux Tableaux ovales, l'un le lever du Soleil, l'autre fon coucher.

De 2 pieds de haut, fur 2 pieds 7 pouces de large.

On peut voir de cet Artiſte, dans les Salles neuves du Palais, dites de S. Louis & de petite Tournelle, deux Tableaux repréſentant, l'un un Chriſt ſouffrant ſur la Croix, & l'autre un Chriſt mort.

Ils ont 11 pieds de haut, ſur 9 pieds 6 pouces de large.

Par M. *Robert*, Académicien.

70. Le Décintrement du Pont de Neuilly.

Ce Tableau, de 7 pieds de largeur, appartient à M. de Trudaine.

71. Deux Tableaux, l'un le retour des Beſtiaux ſous les ruines au Soleil couchant, l'autre le Portique d'une Maiſon de Campagne, près de Florence.

Ces deux morceaux ont chacun 7 pieds de haut, ſur 3 pieds 6 pouces de large. Ils appartiennent à M. de Frouville.

72. Trois Tableaux; les reſtes d'un Temple de Jupiter; le Temple de la Concorde avec la Pyramide de Ceſtius; les Ruines du Palais des Céſars.

Ces Tableaux, de 9 pieds 6 pouces de haut, ſur 5 pieds de large, appartiennent à M. le Duc de Nivernois.

73. Vue du Château de Gaillon, en Normandie.

Tableau de 15 pieds de large, ſur 10 pieds de haut. Il appartient à M. l'Archevêque de Rouen.

74. L'Extérieur d'une Colomnade d'ordre dorique au haut d'un eſcalier, & dans le fond une partie des Jardins Albani.

De 9 pieds de haut, ſur 8 pieds de large. Ils

appartiennent à M. le Marquis de Chavigny.

75. Le petit Palais placé dans le haut des Jardins du Caprarole.

De 27 pouces de large, fur 20 pouces de haut.

76. Plufieurs Deffins coloriés, fous le même Numéro. Ils repréfentent des Ruines de Rome, & des Vues des environs de Paris.

Par M. *Taraval*, Académicien.

77. L'Affomption de la Ste Vierge.

Tableau de 10 pieds fur 7, pour l'Eglife de S. Louis, rue S. Antoine.

78. La fainte Famille; l'Enfant Jéfus dans l'action de recevoir favorablement l'hommage des hommes, fait participer fa Mere aux vœux qui lui font adreffés.

Pour un Château en Bretagne.

79. Répétition du même fujet.

Tableau de chevalet de 2 pieds, fur 1 pied 6 pouces.

80. Deux Tableaux, dont l'un repréfente un Moiffonneur à qui fa femme fait préfenter, par fon fils, un repas frugal, & l'autre un jeune Berger excitant fon Chien à raffembler le Troupeau.

81. Télémaque dans l'Ifle de Calypfo, il commence à lui raconter fes aventures.

De 2 pieds 6 pouces, fur 3 pieds 1 pouce.

82. Quelques Têtes d'Etude, ou Portraits.

Par M. *Huet*, Académicien.

83. La fainte Famille, avec les Pafteurs, l'heure du jour eft le matin.

Tableau de 6 pieds de large, fur 4 pieds de haut.

84. Une Baffe-Cour.

Tableau de 21 pouces de large, fur 17 de haut.

85. Le Matin. } Ces Tableaux ont chacun 21 pouces
Le Midi. } de haut, fur 17 de large.

86. La Pêche. } Ovales, chacun de 21 pouces de
La Fermiere. } haut, fur 17.

87. Le Marché. } Chacun de 15 pouces
de large, fur 14 de
Le Retour du Marché. } haut.

88. Le Repos. } Chacun de 13 pouces de large,
La Solitude. } fur 9 pouces de haut.

89. Deux Tableaux d'Animaux.

Chacun de 17 pouces de large, fur 14 pouces de haut.

90. Plufieurs Tableaux et Deffins, fous le même Numéro.

Par M. *Cleriffeau*, Académicien.

91. Plufieurs compofitions d'Architecture, dans le ftyle des Anciens.

Par M. *Pafquier*, Académicien.

EN ÉMAIL.

92. Deux Tableaux; la Peinture & la Sculpture.

93. Le Portrait de M. l'Abbé de Céfargues, Grand-Maître de l'Oratoire du Roi.

94. Le Portrait de M. l'Abbé Gaufarges, Secrétaire
ordinaire de Mgr le Comte d'Artois.
   En miniature.
95. Le Portrait de M. Brifart, Comédien & Penfion-
naire du Roi.
96. Une Copie d'après M. Greuze.
97. Plufieurs Portraits en émail & en miniature, fous
le même Numéro.

Par Mlle *Vallayer*, Académicienne.

98. Une Urne, des Fruits & un Homard.
   Ce Tableau, de 6 pieds fur 4, appartient à
M. Montullé, Affocié-libre de l'Académie.
99. Un Bufte de Flore, & un vafe rempli de Fleurs fur
un Bureau.
   De 4 pieds 9 pouces, fur 4 pieds.
100. Un Bufte de Cerès & les attributs de la Moiffon,
avec différentes efpèces de légumes.
   De 4 pieds 6 pouces, fur 5 pieds.
101. Le Portrait de M. l'Abbé le Monier.
   De 2 pieds, fur un pied 7 pouces.
102. Plufieurs Tableaux de Fleurs & de Fruits, fous
le même Numéro.

Par M. *Beaufort*, Académicien.

103. L'Incrédulité de S. Thomas.
   Tableau de 17 pouces, fur 14.
104. Ste Magdeleine dans le Défert.
   De 20 pouces, fur 17.

105. Deux Femmes Grecques, dont une brode au métier.

De 15 pouces, fur 12.

Par M. *De Wally*, Académicien, Contrôleur des Bâtimens du Roi.

106. Plufieurs Deffins & Modèles, fous le même Numéro.

Par M. *Jollain*, Académicien.

107. Pyrrhus, Roi des Molloffes, Enfant à la mamelle; fes Sujets fe révolterent, on fut obligé de le tranf-porter chez Glaucias. Un torrent débordé ayant arrêté fa fuite, on coupa des troncs d'arbres, dont on fit à la hâte un pont, tandis que fes Serviteurs repoufferent ceux qui le pourfuivoient.

Tableau de 21 pouces de large, fur 17.

108. Le même Pyrrhus préfenté à Glaucias, embraffe l'Autel & fe rend fon Suppliant. Cette action fin-guliere, de la part d'un Enfant, détermina Glau-cias à embraffer fes intérêts.

De même grandeur que le précédent.

109. L'Indifcrétion de Candaule, Roi de Lydie.

De 22 pouces de large, fur 17.

110. La Toilette de Pfyché.

De même grandeur.

111. La Naiffance d'Abel.

112. La Mort d'Abel.

De 17 pouces de large, fur 14.

Par M. *Perignon*, Académicien.

113. Tableaux peints à la gouaffe. Vue d'un ancien Port de Normandie.

114. Vue de l'ancien petit Château de Rouen, & d'une partie de l'entrée du Port.

Tableau de 2 pieds 6 pouces de large, fur 20 pouces de haut.

115. Vue d'une ancienne Porte fur le rivage du Lac de Genève, du côté de l'entrée du Rhône.

116. Vue de Montagnes fur le Torrent de Gotteron, près de Fribourg, en Suiffe.

117. Vue de la Tour du Harang & d'une partie du Port d'Amfterdam; on voit l'Arfenal dans le Lointain.

118. Vue de la Porte de l'entrée du Port de Rotterdam, fur la Meufe.

Ces quatre Tableaux font chacun de 2 pieds 2 pouces de large, fur 1 pied 6 pouces de haut.

119. Vue du Lac de Geneve & du Village de Cully, du côté du Valais.

120. Vue de Montagnes, près de Fribourg, d'où fort un torrent.

121. Deux Vues de la Ville de Geneve, l'une prife du côté du Lac & de la Montagne de Saleve; l'autre du côté de St Jean, à la chûte du Rhône : dans le lointain on découvre les Glacieres.

122. Plufieurs Tableaux, fous le même Numéro.

Par M. *Dupleffis*, Académicien.

123. Le Portrait de M. le Marquis de Croiffi.

Tableau de 2 pieds 3 pouces, ſur 1 pied 10 pouces.

124. Le Portrait de M. le Comte d'Uſſon.

De même grandeur.

125. Le Portrait de M. l'Abbé de Véri.

De 2 pieds, ſur 1 pied 8 pouces.

126. Le Portrait de M. le Chevalier Gluck.

De 3 pieds 2 pouces, ſur 2 pieds 6 pouces.

127. Le Portrait de M. Allegrain, Sculpteur du Roi.

De 2 pieds 10 pouces, ſur 2 pieds 3 pouces.

128. Autres Portraits, ſous le même Numéro.

Par M. *Du Rameau*, Académicien.

129. L'Eté : Cérès & ſes Compagnes implorent le Soleil, & attendent, pour moiſſonner, qu'il ait atteint le ſigne de la Vierge. La Canicule, ou Chien céleſte, vomit des flâmes & des vapeurs peſtilentielles; les Zéphirs, par leur ſouffle, diminuent ſon ardeur & purifient les airs.

Ce Tableau, de 18 pieds de large ſur 9 pieds 6 pouces de haut, eſt le Morceau de Réception de cet Artiſte à l'Académie. Il eſt deſtiné à orner la Galerie d'Apollon.

130. Béliſaire, Général des Armées de l'Empereur Juſtinien, après avoir illuſtré le regne de ce Prince, tomba dans ſa diſgrace, il lui fit crever les yeux dans un âge fort avancé : c'eſt le moment de ſon retour dans ſa famille.

Ce Tableau, de 2 pieds 5 pouces de haut, ſur 2 pieds 2 pouces de large, appartient à M. le Comte d'Angiviller, Directeur & Ordonnateur-Général des Bâtimens du Roi.

131. Plufieurs Tableaux ou Portraits, fous le même Numéro.

Par M. *La Grenée* le jeune, Académicien.

132. L'Hiver : Eole déchaîne les Vents qui couvrent les Montagnes de neige; les eaux des fleuves glacés, & l'inaction du temps indiquent que l'hiver eft un temps de fufpenfion où rien ne végéte.

Ce Plafond, deftiné à orner la Galerie d'Apollon, eft le Morceau de Réception de cet Artifte à l'Académie; il a 18 pieds de large, fur 9 pieds 6 pouces de haut.

133. L'Homme entre le Vice et la Vertu.

De 17 pouces de haut, fur 20 pouces de large.

134. La Fuite en Egypte.

De 3 pieds 6 pouces de large, fur 2 pieds 9 pouces de haut.

Deffins.

135. Les Cafcatelles de Tivoli.

136. L'Abondance & la Paix régnant fur les Peuples.

Efquiffe de Plafond à la Gouaffe.

137. Le Triomphe de la Religion.

138. L'Ange annonce aux Bergers la venue du Meffie.

139. Albinus fait monter fur fon char les Veftales qui fuient de Rome.

140. Les Fils & les Filles de Niobé tués par Apollon & Diane.

141. Une Bacchanale.

AGRÉÉS.

Par M. *Monnet*, Agréé.

142. Zéphire & Flore.
143. Borée & Orithie.

    Ces deux Deſſus-de-Porte ſont pour le Roi; ils ont 6 pieds de large, ſur 2 pieds 9 pouces de haut.

144. Pluſieurs Deſſins & Eſquiſſes, ſous le même Numéro.

Par M. *Renou*, Agréé.

145. La Préſentation au Temple.
146. L'Annonciation.

    Ces deux Tableaux, de 10 pieds de haut, ſur 5 de large, ſont deſtinés à décorer la Chapelle de la Congrégation de St-Germain-en-Laye.

147. Pluſieurs Tableaux, ſous le même Numéro.

Par M. *Caréme*, Agréé.

148. La Nymphe Menthe métamorphoſée. Proſerpine, irritée d'avoir ſurpris Pluton avec Menthe, fille du Cocyte, la changea en Menthe ou Baume, & ſon frere en Baume ſauvage, pour avoir favoriſé les amours de ſa Sœur.

    Ce Tableau, de 4 pieds 9 pouces de largeur, ſur 4 pieds 5 pouces de hauteur, eſt deſtiné pour le nouveau Trianon.

149. Une Femme repouſſant l'Amour.

De 20 pouces de large, ſur 14 pouces de haut.

150. Une femme jouant de la guitare, deux Hommes l'écoutent.

Largeur 1 pied, hauteur 14 pouces.

151. Diane & Endimion, Eſquiſſe.

152. Deux Deſſins coloriés, repréſentant la Fête des Aſcolies; l'un eſt le Prix perdu, l'autre le Prix remporté.

153. Autres Deſſins, dont l'un colorié, repréſentant des Bacchanales.

154. Un Portrait & une Tête d'Etude, ſous le même Numéro.

Par M. *Bounieu*, Agréé.

Petits Tableaux.

155. M. Bignon & ſon Fils.

156. Une Marchande de Fleurs.

157. Une Mere engageant ſa Fille à prendre une Médecine.

158. Pan lié par des Nymphes.

159. Une Famille faiſant des confitures.

160. Une Marchande d'Oranges.

161. Une Femme & un petit Garçon.

162. Un Charretier & ſa Femme.

163. Une petite Fille répétant ſa leçon.

164. Une Blanchiſſeuſe de bas de ſoie.

165. Un Galetas.

166. Point de vue d'un Jardin.

167. Une vue du Pont-Neuf.

168. Une Cuiſine.

169. Payſage des environs de Paris.

Par M. *Hall*, Agréé.

170. Le Portrait de M. Robert, Peintre du Roi.

Tableau en paſtel de 2 pieds, ſur 1 pied 8 pouces.

171. Pluſieurs Portraits en paſtel, en émail & en miniature, ſous le même Numéro.

Par M. *Courtois*, Agréé.

172. Pluſieurs Portraits, ſous le même Numéro.

Par M. *Martin*, Agréé.

173. La Magdeleine mourante, aſſiſtée par deux Anges.

Tableau de 8 pieds, ſur 5.

174. Une Famille Eſpagnole.

De 3 pieds 8 pouces de largeur, ſur 3 pieds de hauteur.

Par M. *Aubry*, Agréé.

175. L'Amour Paternel.

Ce Tableau, de 3 pieds ſur 2 pieds 6 pouces, appartient à M. le Comte d'Angiviller.

176. Une Femme qui tire des cartes.

Tableau de 3 pieds, ſur 2 pieds ſix pouces.

177. La Bergere des Alpes.

Tableau de 2 pieds de large, ſur 18 pouces de haut.

178. Un petit Enfant demandant pardon à ſa Mere.

Petit Tableau ovale : il appartient à M. l'Abbé de Breteuil.

179. Le Portrait de M. Hallé, Peintre du Roi.

Tableau de 4 pieds, fur 3 pieds.

180. Autres Portraits, fous le même Numéro.

Par M. *Robin*, Agréé.

181. La Fureur d'Atys : Cybele ayant découvert qu'Atys, le Grand-Prêtre de fes Autels, lui faifoit infidélité pour la Nymphe Sangaride, fufcite contre elle Alecton; cette Furie fecoue fon flambeau & fes ferpens fur la tête d'Atys, & excite en lui un fi furieux délire, que, prenant fa Maîtreffe pour un monftre, il la poignarde; Célénus, Roi de Phrigie, eft irrité de cette vengeance horrible, le Peuple, les Sacrificateurs font effrayés : les Amours & les Plaifirs s'enfuient.

Tableau de 15 pieds de large, fur 10 de haut.

182. Les Enfans de M. le Maréchal de Mouchy, jouant avec des raifins.

Tableau de 4 pieds 6 pouces de large fur 3 pieds 3 pouces de haut, deftiné pour le Cabinet de Mme la Maréchale.

183. Plufieurs Portraits, fous le même Numéro.

Par M. *Wille* le fils, Agréé.

184. Une Danfe Villageoife.

Tableau de 4 pieds de large, fur 3 pieds de haut.

185. Le Retour à la Vertu.

Tableau de 2 pieds 9 pouces de large, fur 2 pieds 3 pouces de haut.

186. Deux Têtes d'Etude, fous le même Numéro.

187. Six Deffins coloriés.

Par M. *Theaulon*, Agréé.

188. Une jeune Fille fur un lit en défordre, un jeune homme lui demande pardon de lui avoir arraché un bouquet de rofes, qu'on voit éparpillées à fes pieds.

Tableau de 17 pouces de largeur, fur 14 pouces de hauteur.

189. L'Heureux Menage. Deux jeunes Epoux paroiffent tendrement unis; le Pere appelle avec complaifance un Enfant qui, foible encore, s'effaye à former les premiers pas dans un charriot en lui tendant les bras. La Mere quitte fon occupation & cherche à lire dans les traits de fon Mari les marques de fon amour paternel. Plus loin un Vieillard, fon Pere, regarde cette fcene qui fixe toute fon attention.

Tableau de 21 pouces de large, fur 15 pouces de haut. Ces deux Tableaux appartiennent à M. le Duc de Chartres.

190. La Bonne Aventure. Une jeune Dame chez une vieille Payfanne qui, après avoir tiré les cartes, lui dit fa bonne aventure.

Tableau de 18 pouces, fur 14.

191. Un Payfage repréfentant une grotte avec des Baigneufes.

De 17 pouces de largeur, fur 14 de hauteur.

192. De jeunes Nymphes danſant dans une grotte, au coucher du Soleil.

Tableau de 2 pieds trois pouces de largeur, ſur 1 pied 8 pouces de hauteur.

Par M. *Houel*, Agréé.

193. Deux Tableaux de Payſages.

De 10 pieds de large, ſur 8 pieds de haut. Ces Tableaux appartiennent à M. de Villemorien.

194. Un Payſage Maritime.

De 7 pieds 6 pouces de large, ſur 5 pieds de haut.

195. Vue de l'Aqueduc d'Arcueil.

Tableau de 6 pieds de large, ſur 4 de haut.

196. L'Avenue de Meudon à Belle-Vue; le Pont de Saint-Cloud, le Mont-Valérien & le Bois de Boulogne font le lointain.

De 5 pieds de large, ſur 3 pieds 8 pouces de haut.

197. Vue de Ponte-Rotto à Rome, priſe d'auprès du Temple de Veſta.

De 3 pieds 7 pouces, ſur 2 pieds 4 pouces.

198. Vue du ſommet du Mont-Véſuve, priſe de l'Hermitage François.

De 3 pieds, ſur 2 pieds 3 pouces.

199. Vue du Mont-Etna, priſe en pleine mer, entre Auguſta & Catania.

De 3 pieds, ſur deux.

200. Vue d'un Théâtre antique, très-ruiné, à Taormina; on voit une partie de la Ville, & le Mont-Etna termine le lointain.

De 20 pouces, fur 13.

201. Vue de l'Etna, prife de Catania.

De 2 pieds, fur 15 pouces.

202. Vue de la bouche & du fommet de l'Etna.

De 20 pouces, fur 13.

203. Vue de la Fontaine d'Aréthufe, à Siracufe.

204. Vue du Temple des Jeux Olympiques à Siracufe, d'où l'on voit le Mont-Etna.

205. Vue de l'extérieur de la Grotte, appelée l'Oreille de Denis, à Siracufe.

206. Vue du grand Théâtre, à Siracufe.

207. Partie d'un Temple Antique de Neptune, à Meffine.

208. Vue de Ponte-Lucano, de Monte-Spaccato, & de la Ville d'Adrien, près de Tivoli, aux environs de Rome.

209. Vue des Cafcatelles de Tivoli.

210. Vue du Temple de la Sybille Tiburtine, à Tivoli.

211. Vue du Temple du Soleil, près du Colifée, à Rome.

212. Vue du Temple de la Concorde, à Rome.

213. Vue du Palais des Céfars & du Temple de Romulus à Campo Vacino, dans Rome.

214. Vue d'une partie des Thermes de Titus, à Rome.

215. Vue d'une Fontaine de la Villa Pamphili, à Rome.

216. Vue des environs de Rome.

217. Vue d'un petit Port de Paufilippe, à Naples.

218. Une [vue] générale du Véfuve, près de Naples.

219. Vue de la côte de Bayes & du Cap Mifene, dans le Golfe de Naples.

220. Autres Payfages, fous le même Numéro.

Par M. *Weiler*, Agréé.

221. Quatre Portraits peints en Paftel, dont trois font de forme ovale.

222. Plufieurs Portraits en émail & en miniature.

SCULPTURES.

OFFICIERS.

PROFESSEURS.

Par M. *Pajou*, Profeſſeur.

223. Pluſieurs Buſtes, dont un en marbre.

Par M. *Caffiery*, Profeſſeur.

224. Le Portrait de M. Piron.

Ce Buſte, en marbre, eſt deſtiné à être placé dans le Foyer de la Comédie Françoiſe.

L'Auteur annonce, dans une des niches de la Cha-pelle de St Grégoire, dans l'Egliſe Royale des Inva-lides, une Figure de marbre de 7 pieds de proportion : elle repréſente Ste Silvie, femme de Gordien, Sénateur Romain, Mere de St Grégoire, Pape. Elle eſt dans l'action de remercier Dieu d'avoir donné le jour à un des plus grands Pontifes. Cette figure eſt vêtue d'une longue tunique & d'un manteau très-ample, habillement ordinaire des Dames Romaines.

Par M. *Bridan*, Adjoint à Profeſſeur.

225. L'Himen couronne l'Amour.

Groupe en marbre de deux pieds de haut.

226. Une petite Figure ſe coëffant d'une guirlande de fleurs, en marbre.

227. La Fidélité liſant une lettre & careſſant ſon chien.

En marbre, de deux pieds de haut.

228. Le Buſte du Roi.

En plâtre, de 3 pieds de haut.

229. Le Portrait de M. le Marquis de Courtanvaux.

Buſte en marbre.

230. Le Portrait d'une Dame. En plâtre.

231. L'Eſquiſſe du Tombeau de M. le Marquis d'Argens.

Exécuté en marbre, de 14 pieds de haut, pour Toulon.

ACADÉMICIENS.

Par M. *Mouchy*, Académicien.

232. La Ste Vierge.

Modèle en plâtre, de 5 pieds 6 pouces, deſtiné à être exécuté en marbre & placé dans l'Egliſe de Brunoy.

233. Pluton.

Modèle en plâtre, de 2 pieds 4 pouces.

234. Le Portrait de M. Allegrain, Premier Echevin de la Ville de Rochefort.

235. Pluſieurs Buſtes, ſous le même Numéro.

Par M. *Berruer*, Académicien.

236. Thalie.

Modèle en plâtre, de 2 pieds 6 pouces de haut.

237. Trois Efquiffes, qui repréfentent Melpomene, Polymnie & Terpfichore.

Ces quatre Figures doivent être exécutées en grand pour la nouvelle Salle de Spectacle de Bordeaux.

238. Le Martyre de St Barthélemi.

Efquiffe de Bas-Relief en terre-cuitte.

239. Le Portrait de M. Roettiers.

Bufte en marbre.

Au nouveau Bâtiment de l'Ecole de Chirurgie, rue des Cordeliers, l'Auteur a exécuté un Bas-Relief de 31 pieds de large, dont le fujet eft Louis XV qui agrée le Plan de cet Edifice, & en ordonne l'exécution; & au fond de la cour, au-deffus de l'Amphithéâtre, un autre Bas-Relief, repréfentant la Théorie & la Pratique qui fe jurent d'être inféparables; d'un côté, des Enfans s'occupent à differter fur un cadavre; de l'autre, ils affemblent des Livres pour former une Bibliothèque.

Par M. *Gois*, Académicien.

240. St Jacques & St Philippe prêchant & guériffant des malades.

Bas-Relief, de 30 pieds de large, fur 5 pieds 6 pouces de hauteur.

Cet Ouvrage, trop grand pour être placé dans le Salon, fera expofé dans l'Attelier de l'Auteur, Cour du Louvre, au-deffous de l'Académie d'Architecture.

Par M. *Le Comte*, Académicien.

241. La Ste Vierge & l'Enfant Jéfus.

Modèle en talc, de 2 pieds 5 pouces de proportion. Cette Figure doit être exécutée en marbre,
de 5 pieds 6 pouces de proportion, pour l'un
des deux Autels du Jubé de la Cathédrale de
Rouen.

242. Jéfus-Chrift mort, pleuré par les trois Maries.

Bas-Relief, de 4 pieds de large, fur 2 pieds 3
pouces de haut. Il fera exécuté en marbre de
même grandeur, pour le devant d'Autel de la Chapelle de la Vierge.

243. Le Bufte de M. d'Alembert.

Il appartient à M. Watelet, de l'Académie Fran-
çoife, Honoraire-Amateur de celle de Peinture &
de Sculpture.

244. Bacchus, & l'Amour endormi.

Petit Bas-Relief en terre cuitte, deftiné à être
exécuté en terre fine.

AGRÉÉS.

Par M. *Monot*, Agréé.

245. Diane qui terraffe un Sanglier.
Petit modèle en terre cuitte.

246. L'Amour dépofe fes armes dans le fein de
l'Amitié. Terre cuite.

247. Deux Buftes. En marbre.

248. Bufte. En plâtre.

249. Tombeau de M. le Marquis de Sourdis.

25o. Une petite Jardiniere avec l'ajuſtement Grec. En marbre.

251. Deux Bas-reliefs de grandeur naturelle, dont l'un repréſente l'Architecture, & l'autre la Phyſique qui fait une expérience avec la machine Pneumatique.

Par M. *Houdon*, Agréé.

252. Une Femme ſortant du Bain.

Modèle en plâtre. Il doit être exécuté en marbre.

253. Le Buſte de M. le Marquis de Miromeſnil, Garde des Sceaux.

254. Le Modèle du Buſte de M. Turgot, Contrôleur-Général.

255. Le Buſte de Mme la Comteſſe du Caila.

256. Le Buſte de Mme la Baronne de la Houze.

257. Le Buſte en marbre de Mlle Arnould, dans le rôle d'Iphigénie.

258. Le Buſte de M. le Chevalier Gluck.

259. Le Modèle d'une Chapelle Sépulchrale, en mémoire de Louiſe-Dorothée, Ducheſſe de Saxe-Gotha.

Au fond de cette Chapelle eſt la porte du Temple de la Mort, qui, ſous la Figure d'un ſquelette, leve, pour en ſortir, les rideaux dont elle eſt en partie voilée, & ſe ſaiſit, avec précipitation, de la Ducheſſe. La Ducheſſe, les cheveux épars, eſt couverte d'un linceul; elle doit exprimer ſon attachement pour tous ceux qui lui étoient alliés, & ſon affection pour le Peuple.

26o. Un Buſte en marbre de Mme His.

261. Plusieurs Têtes ou Portraits en marbre, sous le
même Numéro.

262. Une Tête de Médufe, imitée de l'Antique.

263. Une Tête de Femme. Plâtre bronzé.

Par M. Boizot, Agréé.

264. L'Homme formé du limon de la terre par Prométhée qui, avec le fecours de Minerve, avoit
dérobé le feu du Ciel pour l'animer.

Ce groupe repréfente l'inftant où l'Homme
éprouvant les premiers fentimens de fon cœur,
éleve fes regards vers la Divinité; Prométhée ad-
mire le fuccès de fon entreprife : le Génie de Minerve le couvre de fon égide, fymbole de la pro-
tection que lui accorde cette Déeffe.

Ce Modèle en plâtre, de 2 pieds 6 pouces de
haut, eft deftiné à faire pendant au grouppe de
Pigmalion, par M. Falconnet.

265. Louis XV. Bufte en plâtre.

266. Le Bufte de Mme ***. En plâtre.

267. Le Portrait de M. Hallé, Peintre du Roi. Bufte
en terre cuitte.

GRAVURES.

OFFICIERS.

Par M. *Le Bas*, Conseiller.

268. Le Retour à la Ferme.

D'après Berghem; du Cabinet de M. le Duc de Coffé.

269. L'Embarquement des Vivres.

Du Cabinet de M. le Duc de Praflin.

270. Plufieurs Eftampes.

D'après Teniers; du Cabinet de M. le Marquis de Brunoy.

271. Plufieurs Eftampes.

D'après Teniers; du Cabinet de M. le Comte de Baudouin.

Par M. *Cochin*, Chevalier de l'Ordre de S. Michel, Secrétaire de l'Académie.

Deffins.

272. Un Sujet de l'Aftrée.

273. Deux Sujets de l'Iliade d'Homere.

274. Quatre Sujets des Aventures de Télémaque.

275. Huit Sujets des principales Fêtes de l'année.

Ces Deffins ont été compofés pour le Miffel de la Chapelle de Verfailles.

276. Quatre Deffins des principales Pieces de Théâtre
de M. de Belloy.
277. Autres Deffins. Sujets Allégoriques.

ACADÉMICIENS.

Par M. *Tardieu*, Académicien.
278. Le Portrait de M. l'Abbé d'Etemare.
D'après le Tableau de M. Belle.
279. Le Portrait de Mlle de la Font.

Par M. *Demarteau*, Académicien.
280. Deux Enfans jouant avec des raifins.
Gravés à l'imitation du Deffin aux trois crayons
fur papier gris; d'après M. Boucher.

Par M. *Levaffeur*, Académicien.
281. Diane change Actéon en Cerf.
D'après le Tableau de M. de Troy le fils.
282. La Mort d'Adonis.
D'après le Tableau de M. Boucher.
283. Mars & Vénus.
D'après le Tableau de M. Carle Vanloo.
284. La petite Marchande de Modes.

Par M. *Moitte*, Académicien.
285. Le Portrait de M. Dandré Bardon.

Deſtiné à être mis à la tête du ſecond volume de
ſon Livre du Coſtume des anciens Peuples.

———

Par M. *Roëttiers*, Académicien.
Médailles.

286. Les Portraits de Loke & de Newton.

———

Par M. *Lempereur*, Agréé.

287. Une Vieille faiſant des remontrances à ſa
Fille.

D’après le Tableau de M. Wille le fils.

———

Par M. *Beauvarlet*, Agréé.

Deſſins.

288. Quatre Morceaux de la ſuite de l’Hiſtoire
d’Eſther.

Eſther couronnée par le Roi Aſſuérus. Evanouiſ-
ſement d’Eſther devant Aſſuérus. Mardoché refuſe
de fléchir les genoux devant Aman.

Repas donné par Eſther à Aſſuérus.

D’après le Tableau de M. de Troy le fils.

Eſtampes.

289. La Confidente.　　　} D’après les Tableaux
　　　La Sultane.　　　　} de M. Carle Vanloo.

———

Par M. *Du Vivier*, Agréé.

290. Pluſieurs Médailles & Jettons.

1. Louis XV.
2. Mariage de M. le Comte d'Artois.
3. Profpérité du Commerce de la Compagnie d'Afrique établie à Marfeille.
4. Bufte de Louis XVI.
5 & 6. Médailles du Sacre.
7. Le Parlement rendu par le Roi aux vœùx de la Nation.
8. Prifonniers délivrés par les Commerçans de Touloufe.
9. Autre Médaille.
10. Sceau des Francs-Maçons de la Loge de l'Union, à Bordeaux.

Par M. *De Saint-Aubin*, Agréé.

Eftampes.

291. Six Portraits en Médaillon, fous le même Numéro : M. de Trudaine, M. Pierre, M. l'Abbé Raynal, &c.
D'après les Deffins de M. Cochin.

292. Télémaque aborde dans l'Ifle de Calipfo.
D'après le Deffin de M. Cochin.
Cette Eftampe eft pour l'Edition projettée in-8°, dont le texte doit être gravé.

293. Deux Cadres, fous le même Numéro; ils renferment chacun douze Sujets & Têtes; d'après les Pierres gravées du Cabinet de M. le Duc d'Orléans.

Deffins.

294. Plufieurs Portraits & Etudes, d'après Nature.

Par M. *Molès*, Agréé.

295. La Chaſſe du Crocodile.

> D'après le Tableau de M. Boucher.

296. Pluſieurs Sujets & Portraits, ſous le même Numéro.

Par M. *Cathelin*, Agréé.

297. Le Portrait de M. Turgot, Brigadier des Armées du Roi.

> D'après le Tableau de M. Drouais.

298. Le Portrait de feû M. Paris de Montmartel.

> La tête, d'après M. de la Tour, le reſte d'après le Deſſin de M. Cochin.

299. Le Portrait de M. Vernet, Peintre du Roi.

> D'après M. L. M. Vanloo.

3oo. Le Portrait de M. Jéliotte.

> D'après M. Tocqué.

3o1. Le Portrait de M. Tocqué, Peintre du Roi.

> D'après le Tableau de M. Nattier.

3o2. Le Portrait de Moliere.

> D'après le Tableau de Mignard.

Nogent-le-Rotrou, imprimerie de A. Gouverneur.

9 782013 686440